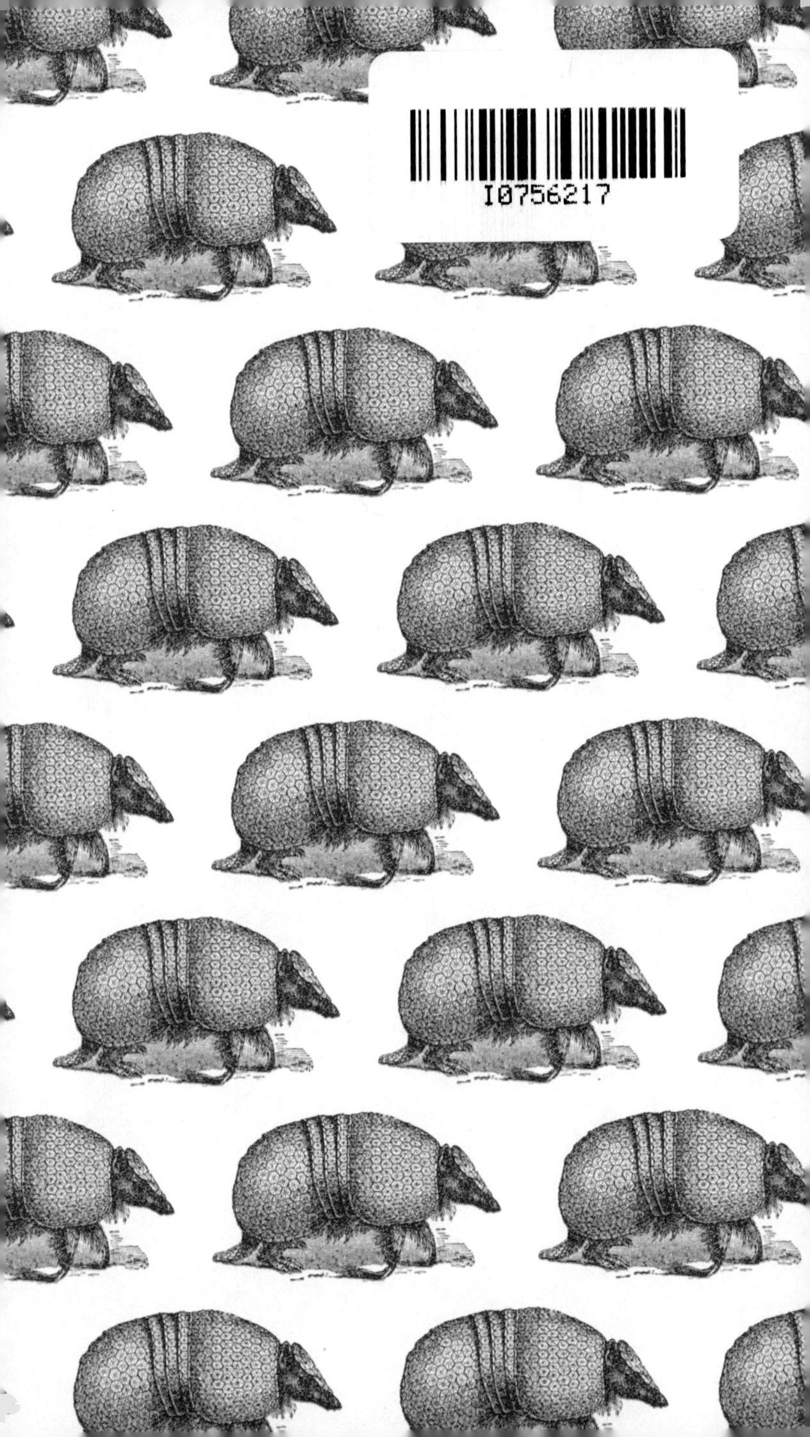
I0756217

El sueño del armadillo

Refranero apócrifo de Juan Charrasqueado

El sueño del armadillo.
Refranero apócrifo de Juan Charrasqueado

1a edición, Morelia, Michoacán, México, 2021

D.R. ©Raúl Eduardo González, por las décimas
©Alec Dempster, por las ilustraciones
©Celeste Jaime, por el diseño

Diseño y formación: Alternativa Gráfica

El sueño del armadillo

Refranero apócrifo de Juan Charrasqueado

Refranes y frases proverbiales
glosados en décimas por

Raúl Eduardo González

Ilustraciones de

Alec Dempster

Los refranes poseen una gran capacidad expresiva y de condensación, pues suelen tener una forma bien fincada en el ritmo —en nuestra lengua suelen recurrir también a la rima—, y poseen un carácter evocativo, tanto por el conocimiento que expresan como por su efectividad en la argumentación. No es raro, al menos en el caso del refranero mexicano, que apelen en su contenido o en su uso al sentido del humor, cuando no es que se quedan en la pura manifestación del gusto, del júbilo o de la frustración, y así nos permiten pasar el rato, disfrutar el momento o darle vuelta a la hoja.

Lo cierto es que los refranes, más allá de su función didáctica, argumentativa o expresiva, suelen estar conformados en verso; son, potencialmente, poemas, y por eso al emplearlos embellecen, resaltan y potencian el habla cotidiana, proyectan la conversación a la tradición oral, a la evocación sonora, al encanto de la fórmula verbal, por lo que, a decir verdad, son un punto de contacto constante con la poesía. No resulta extraño por ello que las canciones, así como los títulos y los contenidos de otras obras artísticas, como libros, películas y cuentos, recurran a los refranes.

Así, la poesía, tanto la que podríamos llamar popular —incluidas las canciones, por supuesto—, como la llamada culta, ha recurrido a los refranes, ha dialogado con ellos, los ha complementado y ha aportado nuevas versiones y nuevos dichos que luego andan en boca de la gente. Así ha sucedido con las décimas, estrofas de diez versos octosílabos que tuvieron origen culterano en la España del Siglo de Oro, y que hoy son parte del patrimonio de la tradición oral en Hispanoamérica. En México, desde hace siglos las décimas y los refranes han ido de la mano, en la obra de autores como José Joaquín Fernández de Lizardi y Constantino Blanco Ruiz *Tío Costilla*, por citar dos de épocas y ámbitos distintos, pero que fundamentalmente tenían en común el ánimo de que sus décimas llegaran a la gente.

En aras de la comunicación y de la efectividad del mensaje, ayer y hoy los decimistas han sido refraneros; sus estrofas ponen los dichos en contexto, y estos les sirven para expresar con precisión y belleza lo que quieren decir. En muchos casos, ponen a circular un refrán acaso olvidado o poco conocido —a veces llegan a aderezarlo—, y con suerte los lectores aprenden la estrofa y la recitan o la cantan, de modo que el refrán vuelve a su dimensión de poema, de voz esencial. Por su parte, la décima potencia su expresión con una fórmula bien acuñada, que cuando cierra la estrofa puede otorgarle un broche inigualable, un marco privilegiado.

Tanto los refranes como las décimas me han atraído desde que tomé conciencia de su existencia. Hace poco más de veinte años, empecé a hacer mis propios intentos con décimas que concluyen con refranes. Así, llegué a proyectar un libro cuyo título sería *Refranero de Juan Charrasqueado*, del cual publiqué un breve muestrario al arrancar el siglo, en la colección Dos Milenios, de la editorial zamorana Signos, encabezada por el incansable escritor y editor Héctor Canales. De algún modo quien esto lee tiene en sus manos ese *Refranero de Juan Charrasqueado*, pero que se ha enriquecido y matizado por la oportunidad que tuve de colaborar con el gran artista visual Alec Dempster en la elaboración de la carpeta gráfica *La vihuela en el llano*, aparecida en 2018 con la tipografía de Juan Pascoe y el diseño de Celeste Jaime.

Las imágenes que Alec realizó a partir de diez de las décimas originales aportaron una visión que las estrofas no tenían en principio, y así la imagen del armadillo sagaz empezó a perfilarse como la encarnación animalizada del pícaro Juan Charrasqueado, que aparece en varias de las décimas, y que es originalmente un personaje ficticio debido a la inspiración del compositor Víctor Cordero. El ranchero enamorado y jactancioso, "borracho, parrandero y jugador", como dice su corrido, me brindó de algún modo la posibilidad de poner en contexto varios de los refranes y dichos glosados en las décimas. El comportamiento del personaje, que puede resultar censurable hoy en día, hace referencia a una masculinidad mexicana profundamente cuestionada, que espero que estas décimas puedan ayudar a poner en evidencia, para desterrarla de nuestra realidad cotidiana. Acaso muchos de los refranes citados se deban actualizar o vayan a caer en desuso. Queda aquí testimonio de su existencia.

Aun cuando los refranes más empleados en México se conforman prototípicamente por dos versos octosílabos, lo que en principio facilitaría su inserción al final de las décimas, es muy común que los versos rimen entre sí; de modo que en algunos casos me he permitido alterar el orden de las palabras de algún verso para mantener el sistema de rimas de la décima. Otro tanto ha sucedido con las frases proverbiales que no están conformadas por octosílabos, sino por versos de otras medidas. En todos los casos, los respectivos refranes están compuestos en cursivas.

Quisiera mencionar y agradecer a las personas que directa o indirectamente han aportado refranes o voces que me han inspirado para la escritura; en primer lugar, están mis padres, Xicoténcatl y María de Jesús, muy refranero él, con mucha paciencia ella para explicarme el sentido de tantos refranes, algunos de los cuales ella misma los decía, al igual que sus padres, mis abuelos Isabel y Fidel (aludido en algunas estrofas), a quienes también agradezco. A Margit Frenk, Julia Sevilla y Herón Pérez, mis maestros, les agradezco por haberme introducido en el estudio de los refranes. Los refraneros de Herón (uno de los cuales, *Refrán viejo nunca miente*, es mencionado, como su autor, en una estrofa) fueron muy importantes para acceder a muchos de los dichos glosados en EL SUEÑO DEL ARMADILLO... Entre los poetas que me inspiraron, debo mencionar a Tío Costilla, cuyos *Refranes de mi trova llanera* fueron el impulso para mis décimas. Mi abuelo, Theobaldo González Palacios, tan dicharachero y buen versificador, ha sido una influencia constante, lo mismo que Francisco Elizalde García, quien me aportó uno de los refranes glosados en las décimas que le dedico.

Agradezco, finalmente, a Celeste Jaime por el diseño del libro, a Alec Dempster, por permitirnos reproducir sus grabados en la edición de estas décimas de refranes, un tipo de composición que me ha acompañado creativamente desde hace lustros, y que por fortuna parece aún rendir frutos.

REG

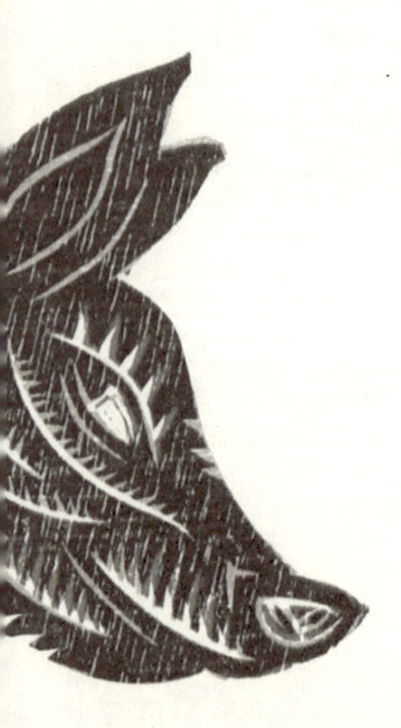

Te lo estoy diciendo, Juan

EN ESTOS versos, lector,
verás refranes bordados,
de cotidiano entonados
del pueblo, ilustre cantor.
Con ellos di en hacer flor
de sabiduría trovada,
y si es que algo no te agrada,
te diré con esta ficha
que *no hay palabra mal dicha,*
como no sea mal tomada.

DE LOS refranes decía,
convencido, mi abuelito
que su evangelio chiquito
encierra sabiduría.
Así es que nos repetía
algunos con mucho seso,
y con entendido rezo
daba prédica su voz:
No hay más amigo que Dios,
ni más pariente que un peso.

Mirando de retirado
la fiesta, me entretenía,
pues era una sinfonía
la del son y el zapateado.
De pronto dijo a mi lado
un hombre cansado y viejo:
"Mírate en mí, soy tu espejo,
hoy vil hueso, si ayer mango;
esta vida es un fandango,
y el que no baila es pendejo".

Mi abuelo decía pausado
que había que reflexionar
y que no se había de dar
ningún hecho por sentado.
Decía: "Piensa en lo pasado
y haz tú mismo tu consejo,
de nada sirve estar viejo,
sin madurar cada vez,
la memoria sólo es
la cultura del pendejo".

En este mundo de espanto
es muy fácil comprobar
que sólo quiere rezar
cada quien para su santo.
No vale sangre ni llanto
si alguien se quiere exceder
y en sus actos deja ver
el rezo de un dicho llano:
lo que se cae de la mano,
para mi hermano ha de ser.

Dicen que México crece,
pero algo yo no me explico:
que el rico es siempre más rico
y el pobre más se empobrece.
La estadística parece
del gobierno vil relajo,
la cosa está del carajo,
como aquí anoto y escribo,
pues del tonto come el vivo,
y el tonto, de su trabajo.

NO HAY que andar en estampida,
hay que ser original;
debe elegir cada cual
su camino en esta vida.
El gusto es ave que anida
en el mero corazón.
Cada quien su vocación,
que para eso somos tantos:
maderas hay para santos
y otras para hacer carbón.

NO TE ofusque la neblina
ni te enrede la humareda,
que si el mundo es una rueda,
la virtud todo lo inclina:
si la rosa tiene espina
y el libro, su formación,
cuida que la combustión
no te envuelva en sus encantos:
maderas hay para santos
y otras para hacer carbón.

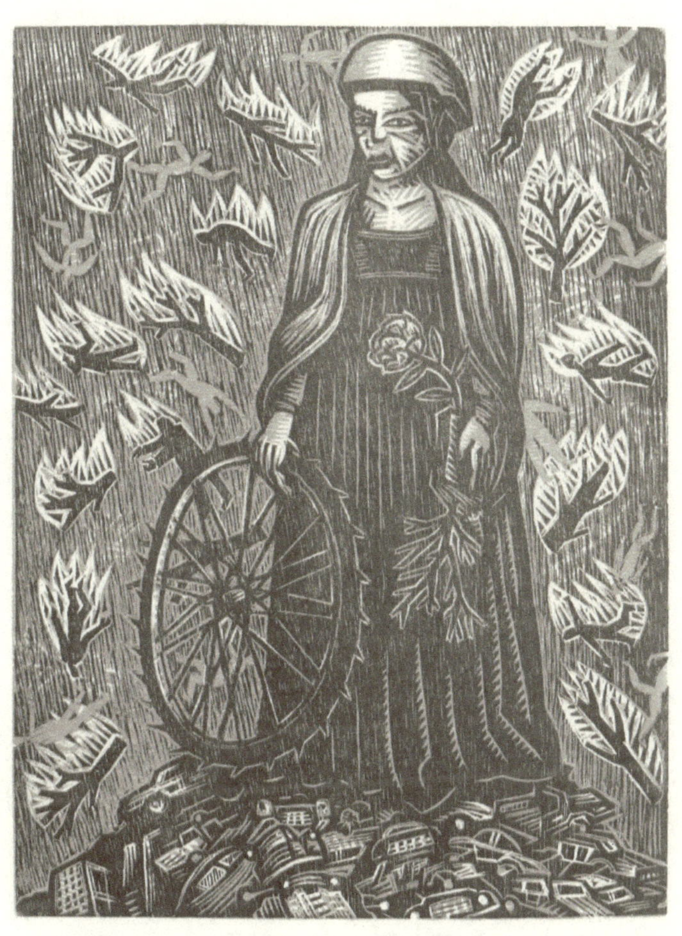

AL LUGAR donde he llegado,
luego me doy en buscar,
al fin, con algo he de dar,
pues nunca he sido un maniado.
De los refranes, confiado,
mi vida la hago a su talla;
porque a mí nunca me falla
un dicho al que tengo fe:
No quiero que Dios me dé,
sino que me ponga onde haya.

ERA TARDE y al tornar
no bastó la precaución,
pues nos emboscó un ladrón
aficionado a robar.
Se fue luego del lugar
al son de un refrán trillado.
Dijo: "Me voy sin cuidado,
no le hace que se vea oscuro;
no hay camino más seguro
que el que está recién robado".

QUERIENDO ser gran doctor
de científico saberes,
rechazas gusto y placeres,
pimienta, sal, canto y flor.
Del libro has hecho tu amor,
su letra en tu vida es lema;
mas no abarques tanto tema
queriendo ser el más ducho:
ollita que hierve mucho
o se derrama o se quema.

NUNCA sobra la experiencia
en asuntos del querer;
así sea hombre o mujer,
nadie domina esa ciencia.
Todos viven con la creencia
que no los daña el amor,
pero un día quema el calor
hasta al corazón más ancho,
y hora sí, violín de rancho,
ya te agarró un profesor.

Es don Andrés un tío mío
de gran porte e igual memoria,
quien recuerda que en su historia
no tuvo un invierno frío.
Preso de angustia, mi tío,
quien fuera un conquistador,
dice, henchido de valor,
cuando se mira al espejo:
*"No te arrugues, cuero viejo,
que te quiero pa tambor"*.

De Jesús, los descreídos
no admitían su augusta manda,
y él dice: "Párate y anda,
para que sean convencidos".
Así, los miembros tullidos
se levantan y se van,
con lo que nació el refrán
que reza desde esa vez:
*Ninguno diga quién es,
que sus obras lo dirán.*

QUIEN SABE escuchar consejos,
se va con paso seguro,
y aun si el camino es duro,
podrá caminar muy lejos.
No sigas a los pendejos,
así sea en camino real,
pues todo te saldrá mal
si no lo piensas primero,
hasta pa ser limosnero
hace falta capital.

CUANDO ESTÁN los poderosos
en la cumbre de su fama,
mucha gente los aclama
—embusteros y labiosos.
Mas si se acaban sus gozos
y su gloria se contrae,
cual estatua que se cae,
acaban siendo mendigos,
la miseria ahuyenta amigos
y el dinero los atrae.

El refrán es un decir
que mucho decir te ahorra
y en pocas palabras borra
mucha paja de escribir.
Así, expreso mi sentir
en un dicho que se enconcha,
dirigido a la rechoncha
Concepción de mi carillo:
¡quisiera ser armadillo,
para dormirme con Concha!

Más que confusa, bendita
la sagrada polisemia,
que, al margen de la academia
todo lo pone y lo quita:
en la cama y la mesita,
la verdad peca y se enroncha,
a cual más, se mira choncha,
y gustoso se ve el pillo:
quisiera ser armadillo,
para dormirme con Concha.

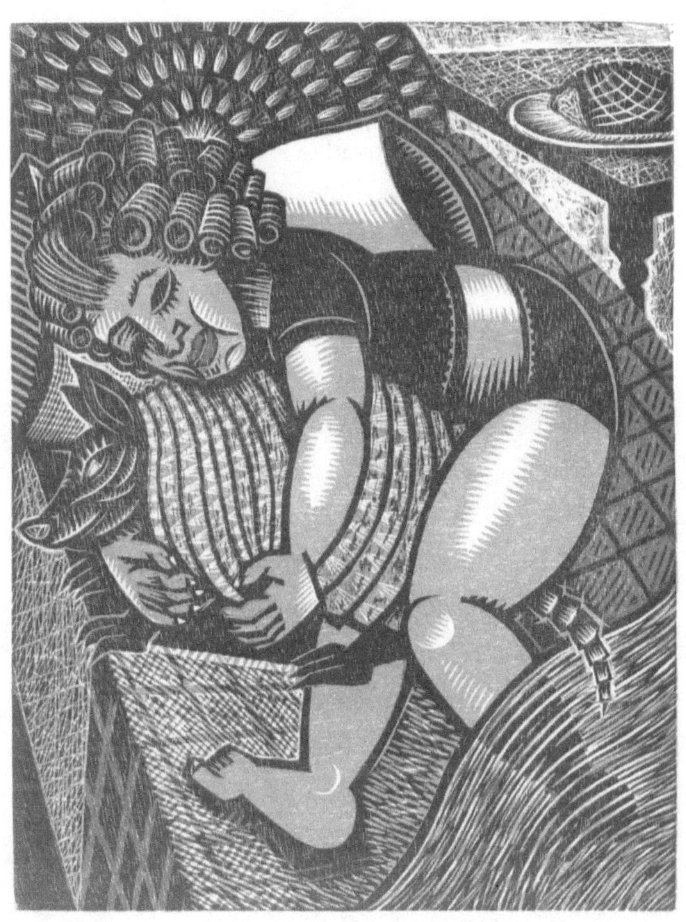

Aunque seas gato montés,
aprende a medir distancias;
que no te invadan las ansias,
sé valiente y sé cortés.
Porque la mesura es
muestra de refinamiento,
no abuses y ve con tiento
tomando lo que te dan;
nomás con partir el pan
se conoce al que está hambriento.

Bien ha señalado Herón
Pérez, que es entimemático
el refrán, cuanto emblemático
en su denominación.
Uno da su indicación,
que de otro es muy diferente,
y ambos los usa la gente,
pues su saber no es científico,
sino, por breve, magnífico:
refrán viejo nunca miente.

PARA HACER etnografía
fue un experto a hacer su lucha,
y del pueblo vio que mucha
información no entendía.
Seguido fiestas había,
con bailes a todo dar,
y a él se le iba en envidiar
el zapateo y la mudanza:
"¡Otra vez la misma danza,
y yo que no sé bailar!".

PESE el peso a quien le pese,
es por justicia efectiva
que cada uno reciba
honor, cuando lo merece;
que tu aptitud no tropiece
con el pudor del instante,
pues resulta vergonzante
que, si alcanzas alto vuelo,
te quieras tirar al suelo
para que otro te levante.

Para don Francisco Elizalde

[1.] Soy un viejo tecolote
que he surcado un cielo al día,
y en aires de la poesía
he desplegado ese mote.
Para que la tinta brote,
no basta con apuntar,
pues bien cabe recordar
que *en el campo es diferente,*
pero delante de gente,
cantar bien o no cantar.

[2.] Canto a la Revolución
como he cantado al rebozo;
canto a mi ciudad con gozo,
y al Papa, con emoción.
Es mi aliento una canción
que brota con tono pleno,
y sigo sin poner freno
al verso cuando se atreve:
sé que lo bueno, si breve,
resulta dos veces bueno.

[3.] Hoy, muchos niños de pecho
se las dan de personajes,
y me tratan con ultrajes
creyéndose con derecho.
Yo, que he caminado trecho,
los miro cómo malcrecen;
y no espero que me recen
ni que sueñen con entierros,
porque son viejos los cerros,
y todavía reverdecen.

[4.] He vivido con verdad,
y mis memorias son gratas,
ahora que dos alcayatas
son la corona en mi edad.
Y sé que la realidad
da y quita sus embelesos;
para mí no hay susto en esos
conjuros, pues soy más fuerte:
tizne a su madre la muerte,
que al cabo son puros huesos.

En este mundo sin par
se puede hablar sin decir,
gritar para confundir,
decir con sólo callar.
Es gloria de este lugar
que tantos gustos asomen,
que unos beban lo que tomen
y otros tomen lo que beben.
Unos comen lo que deben
y otros deben lo que comen.

El que parte y recomparte
lleva la mejor mitad,
no discute cantidad
y disfruta en cualquier parte.
Negociar suele ser arte
que deviene en desafío;
por eso, en cuestión de avío
hay que evadir el disgusto,
y atenernos a lo justo:
tú, lo tuyo, y yo, lo mío.

"Si falta o sobra una coma
o el verso no tiene brillo,
digamos que algún diablillo
nos ha gastado una broma
y en malhadada maroma
las letras fue a enmarañar",
piensa el autor, al juzgar
que el error pueda asomarse:
no es trabajo equivocarse,
sino hallar a quien culpar.

Charrasqueado, en tu corrido
nunca soñaste que oirías
ciento de refranerías,
y aquí las oirás seguido;
en verso las he metido,
entre las cuerdas y el cedro.
El dicho será en tu medro:
sábete bien que el refrán
te lo estoy diciendo, Juan,
para que lo entiendas, Pedro.

DIVIÉRTETE, Charrasqueado,
que nuestra flor es de un día;
no hay quien hurte la alegría
ni nos quite lo bailado.
No está el hombre condenado
en su terreno lugar;
date, pues, a disfrutar,
que ya sólo he de decir
que *al freír será el reír*
y al pagar será el llorar.

SI ES larga la caminata,
procuro viajar ligero,
¿para qué cargo dinero,
si de caminar se trata?
Un gran bulto es una lata,
aunque sólo vaya al centro.
Por eso, bien me concentro,
porque, de forma cabal,
sólo el que carga el morral
sabe lo que trae adentro.

Pon cuidado con quién andas
por el mundanal camino,
pues en fácil desatino
se arman con lobos las bandas.
Al redimir bestias pandas,
has de arriesgarte solito,
pues sabe que no es un mito
que aullidos te han de enseñar,
y *se te puede voltear*
el chirrión por el palito.

Entra mayo y sale abril
en el correr de los años,
y así por los mismos caños
vuelve el agua a su redil.
Con parsimonia febril,
venciendo todos los tramos,
a cada paso encontramos
del destino los asomos,
pues al fin *arrieros somos*
y por el camino andamos.

TRAS LOS abrazos, los gritos
y la pólvora letal:
por el dorado metal
entregaron espejitos;
los afanes infinitos
de esa memoria trasluce
un dicho que la reduce
y vale oír con decoro,
porque no siempre es de oro
todo aquello que reluce.

TIRA su dado el azar,
y la ilusión su conseja,
y tira de la madeja
el ansia de averiguar.
Tiran las redes al mar,
tira el sol al horizonte;
sin que nada lo confronte,
tira al vicio el sentimiento;
la moneda tira al viento
y *la cabra tira al monte.*

¿Para qué quieres jacal...?

JUAN PRETENDIÓ a una mujer
joven, bonita y vivaz,
que no paraba jamás
en sus ansias de querer.
Él tuvo que hacerle ver
que su paso era arriesgado:
"Condúcete con cuidado
que con prisa poco medras;
ve al pasito entre las piedras,
porque el macho no está herrado".

JUAN PRETENDÍA a una mujer
que se le murió el marido,
mas se negó a su pedido,
por su grande padecer.
Y, si el entierro fue ayer,
para hoy cambió su traza:
vino a tocarle a su casa,
diciendo: "No cabe duda,
fuerte es el dolor de viuda,
pero muy pronto se pasa".

JUAN PRETENDÍA una viciosa
que buscaba la grandeza,
y así despreció su pieza,
pues no la encontró grandiosa.
Pero él le dijo una cosa
que atizó su expectación:
"En burlarte no has razón
si es que lo miras chiquito,
hay veces que un ocotito
provoca una quemazón".

JUAN LE decía: "Bien te quiero,
por eso te traigo flores;
Toña, acepta mis amores
y mi cariño sincero.
Hoy te me resistes, pero
vendrá el instante puntual;
voy con calma sinigual
y tanteando los espacios:
he visto caer palacios,
contimás este jacal".

Si es que traes un pretendiente,
cuida que sea buen muchacho,
que no abuse de borracho
y no le juegue al valiente.
Se comportará si hay gente;
a solas, te cuidará;
porque bien sabido está
un refrán que en esto es franco:
No compres caballo manco
creyendo que sanará.

Tu recuerdo es aderezo
para la áspera distancia;
vivo embriagado del ansia
que bebí en tu último beso.
Cuando con soplo travieso
el viento ondula tu enagua,
toda la sangre me fragua,
siento que voy a volar
y se me hace chico el mar
para hacer un buche de agua.

TODO LO vence el esfuerzo,
siempre y cuando sea posible;
hasta el signo más temible
tendrá cabida en un verso.
Mas no hay bache que sea terso
ni peñasco que sea blando;
así es que hay momentos cuando
ni cómo la lucha hacer,
ni modo de irlas a ver
de que las andan cuidando.

MUÑECAS, lindas que son,
igualitas, como hermanas,
y a las dos les traigo ganas,
a ver cuál me hace jalón.
Inquieta mi pretensión
a mi suegro, don Fernando,
pues ese charrito pando
no entiende mi proceder…
¡ni modo de irlas a ver
de que las andan cuidando!

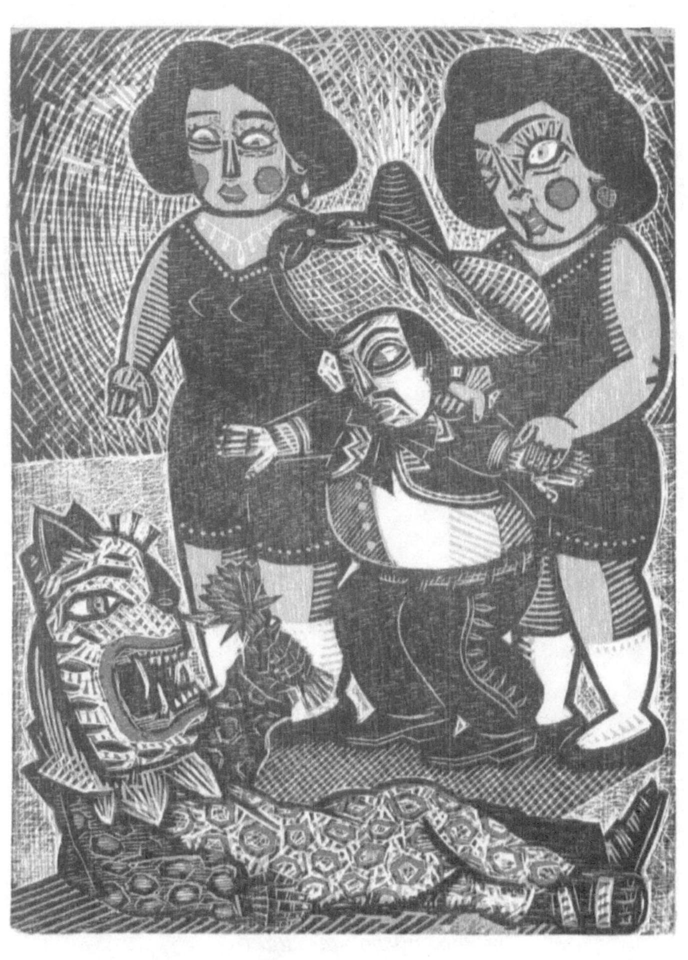

JUAN VEÍA una divorciada
que era dueña de una tienda,
le daba buena merienda,
siempre muy bien desquitada...
Un día que no dejó nada,
ella le ha montado un brete,
diciéndole: "Mejor vete,
no te acabes la cazuela,
que, como dijo mi abuela,
Es probete, no es hartete".

YO ENAMORÉ una soltera
que resistía mi querer,
diciéndome la mujer:
"No va a ser a tu manera;
no vayas a la carrera
ni comas ansias, cristiano;
así, nomás, de la mano,
si me quieres agarrar,
no por mucho madrugar
amanece más temprano".

CONCHITA, cuando te veo,
trabajos me da dormir,
y me comienza a latir
el corazón retefeo.
Siento un piquete, que creo
me va a dejar harta roncha.
Con un decir bien se troncha
lo que siento, Concepción:
¡Quién fuera del mar ostión
para acostarse con Concha!

GÜERA, vamos a la plaza,
vente conmigo a pasear,
y te voy a demostrar
que en la vida todo pasa.
Si me invitas a tu casa,
verás que me paso y me entro;
güera, vámonos al centro,
que las manos no me lavo:
un clavo saca otro clavo
o los dos se quedan dentro.

TOÑA, que a Juan bien quería,
un día se desengañó,
porque se fue y la dejó
con otra que lo seguía.
Cada vez que se afligía
de infelicidad nefasta,
sola se decía que hasta
ya lo olvidaría después:
"Al cabo, pa'l santo que es,
con cualquier repique basta".

UNA JOVEN quise amar,
que me esquivó con porfía,
y por qué no me quería
yo me di en averiguar.
Así, me fui hasta el altar
y enfrente del santo friso
quejéme que no me quiso,
a lo que habló san Mateo:
"Es bueno ser algo feo,
pero no tan cacarizo".

Dices que me has de matar,
Conchita, con tus amores,
y hasta rechazas las flores
que no te han de conquistar.
Con tanto fanfarronear,
me matas, pero de risa.
Ya me cansé de tu prisa,
me hartaron tus disparates,
en mejores tepalcates.
he frito mi longaniza.

Decían al pobre cornudo
que su mujer lo engañaba,
y el hombre sólo aguantaba
su afrenta con ceño mudo.
Le decían: —Debes ser rudo
y matarlos—, y él, decente,
decía: —No soy delincuente,
más lata ya no me den,
lo que los ojos no ven
el corazón no lo siente.

UNA MUJER me buscó
para que yo la quisiera,
diciendo: "Olvida tu güera,
porque aquí mero estoy yo;
ella está lejos, yo no".
Le dije: "Ni en quince vidas;
hay una cosa que olvidas,
cococha desmemoriada:
más vale una colorada
que no cien descoloridas".

SI CREES que al irte, chorreda,
has arruinado mi vida,
ya no seas tan engreída:
poco me importaste, o nada.
Ya no vivas de la hablada,
afronta la realidad
y sábelo de verdad,
tus berreos me desesperan:
ni pago porque me quieran
ni ruego con mi amistad.

Perdonaste a la mujer
que te engañó sin clemencia,
a ti, con tanta experiencia
en asuntos de querer.
No te sirve tu saber,
venado de serranía,
porque te crees todavía
que su amor es verdadero;
me admira que siendo arpero
no sepas la chirimía.

Una mujer pretendí
que me aporreó cual tormenta;
al final, caí en la cuenta
de que no era para mí.
Con su maltrato entendí
que a las otras era igual,
y para evitarme un mal,
mejor la dejé enseguida:
o la fruta bien vendida
o podrida en el huacal.

GÜERA, sabes que te quiero;
yo, que suspiras por mí;
pero no me das el sí,
quesque por ser jaranero.
Si mi cariño es sincero,
anda ya y suéltate el chongo:
soy pobre, pero propongo,
no la pasaremos mal;
¿para qué quieres jacal,
si aquí traigo mi jorongo?

¿QUÉ NOS hace el aguacero?,
¿qué nos inquieta el calor?,
si tenemos el amor,
que no lo compra el dinero;
mi sentimiento es sincero,
y aunque me llamen fodongo,
me acomodo y no rezongo,
pues mi ingenio es natural:
¿para qué quieres jacal,
si aquí traigo mi jorongo?

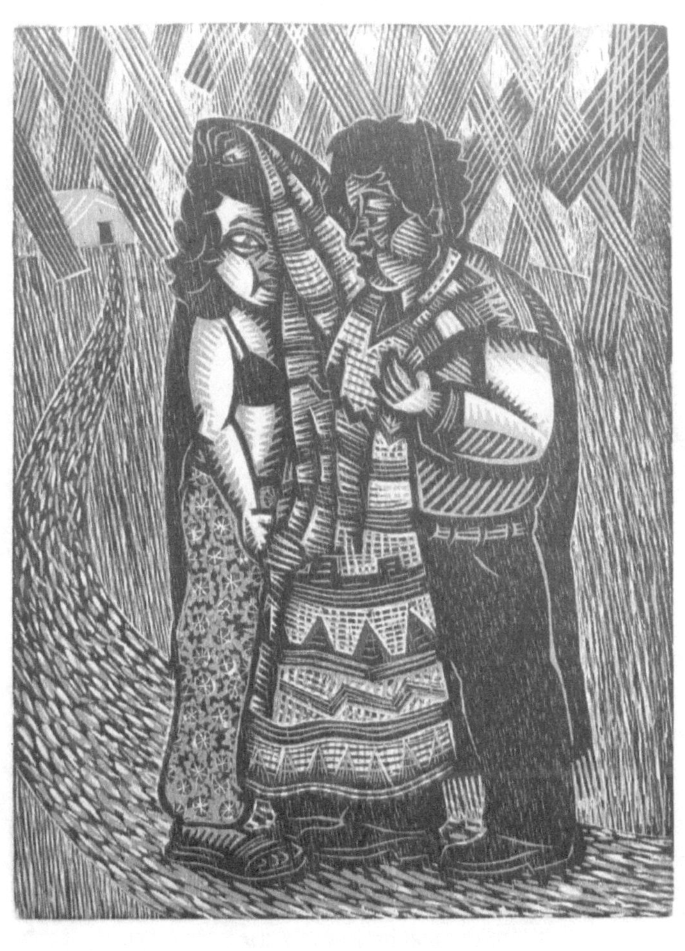

MERCEDES, como sabía
su juventud y belleza,
a Toña, con gran torpeza
y sin tacto, presumía.
Esta, enojada, decía:
"Escúchame bien, tú, Meche,
se ocupa que un refrán te eche,
y, si ofendo, me perdonas:
puede haberlas más chichonas,
pero no que den más leche".

CREO QUE nunca has de entender
que cuando finges desprecio
tan sólo muestras cuán necio
eres al dar tu querer.
No quieres voltearla a ver,
por ver si solita viene;
tu juego no la entretiene,
y de él algo se entresaca:
quien menosprecia la vaca,
ganas de comprarla tiene.

Cuando yo te pretendí,
con otro te entretuviste,
mas el día que lo perdiste,
bien que me buscaste a mí.
Pero olvídate, me fui,
ya con otra yo me entiendo;
te digo que no me vendo,
no me vengas a rogar:
quien no da pudiendo dar,
menos dará no pudiendo.

Cuando tuve una mujer,
mal me recibía en la casa;
me gritaba: "Ándale, pasa,
a ver qué haces de comer".
Cuando se acabó el *querer*,
me trató de aborrecido;
quedé tan desposeído,
que hasta el perro me ha quitado:
quien no da de enamorado,
menos da de arrepentido.

SIENDO encantador, cual soy,
modesto y bien educado,
te vas con Juan Charrasqueado,
y la bendición te doy.
Por un gandul cambias hoy
al conde de Maravillas;
y no guardaré rencillas,
no tiene que ser conmigo;
quien no quiere pan de trigo,
que se coma las tortillas.

JUAN, como incumplido esposo,
se ha vuelto un bellaco infiel,
y no sale del burdel,
pues el hogar le es tedioso.
Corre a procurarse el gozo
con una joven zaraza.
Por justificar su traza,
cita un proverbio el muy pillo:
"Quien ha bebido en pocillo
no vuelve a beber en taza".

NO ERES monedita de oro
ni espejo de plata fina,
no pienses que es por inquina
que ni te amo ni te adoro.
Juzgas que, siendo un tesoro,
mi corazón por ti muere,
y haces que me desespere,
pero apréndelo bien ya:
quien a tu casa no va,
en la suya no te quiere.

¡QUÉ TIEMPO tan grato fue,
Chole, cuando hablabas tú,
para darme del menú
un sabroso consomé!
Y cuando más me empiqué,
me cerraste la fondita,
te fuiste sin más, Cholita,
pero caro has de pagar:
quien quita luego de dar,
con el diablo se desquita.

TOÑA, harta de trabajar,
se fue a quejar con su tía
diciendo que no quería
seguir ya en ese lugar.
La tía dijo: —Has de aguantar
con esa chamba, Antolina—.
—Pero me canso, madrina—.
Y se enojó la tía Sara:
—*Si el trabajo no cansara,*
no habría putas en la esquina.

LA VECINA de allá enfrente,
que se le murió el marido,
varias veces ha venido
y yo he sido indiferente.
Me he pasado de decente,
pero eso ya se acabó.
Y ya no obraré más, no,
a según de otras personas;
sobre el muerto las coronas
y sobre la viuda, yo.

MEJOR BUSCA en otro lado,
que caso no te va a hacer
esa coqueta mujer
de quien te has enamorado.
Como te habla, estás confiado,
piensas que ha de darte el sí.
Pero luego descubrí
que ni siquiera te mira;
si cercas de ti suspira,
es señal que no es por ti.

POR TIERRAS de Michoacán
salí a pasear con Facunda,
quien me dijo ser oriunda
de la villa de San Juan.
Echó por tierra mi plan,
pues ella llevó la mano:
"No quiero que usté de plano
piense que le hago un desaire,
también en San Juan hace aire,
con todo y que está en el llano".

CUANDO TE paseaba yo,
muchas caricias me hiciste,
y dulces besos me diste
que tu corazón horneó.
Ayer tu boca endulzó
mis labios con fantasía;
hoy, pura palabrería,
hoy, puras promesas vagas;
¿por qué con tamal me pagas,
teniendo bizcochería?

¿CÓMO CALMAR la dolencia
y curar el sinsabor,
cuando el enfermo de amor
no encuentra correspondencia?
Él pide con insistencia,
ella niega con porfía;
se acrecienta la agonía,
como las quejas aciagas:
"¿Por qué con tamal me pagas,
teniendo bizcochería?".

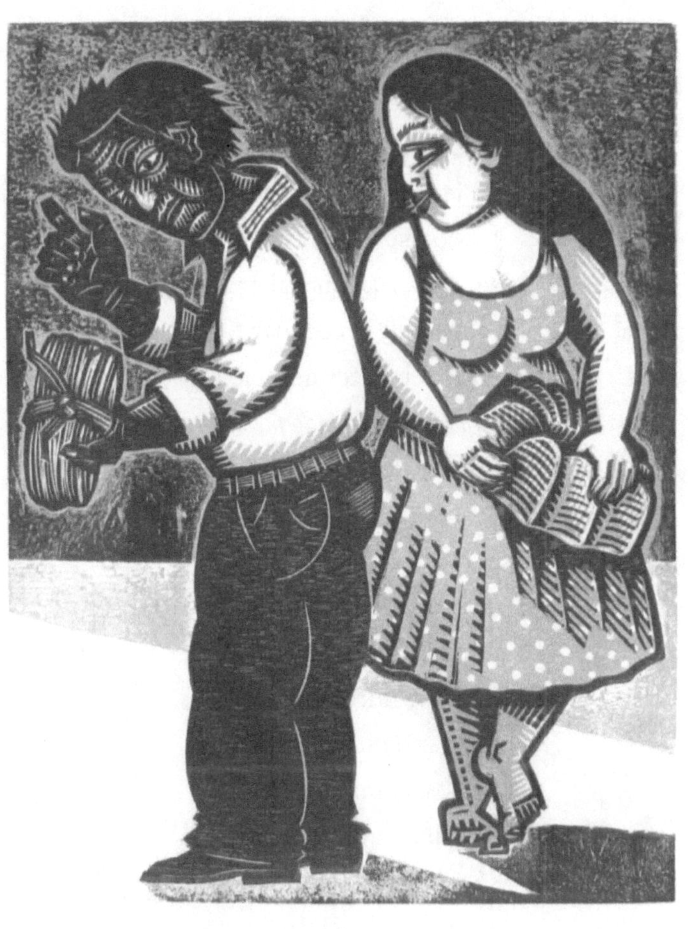

JUAN PRETENDIÓ a una muchacha
dedicada a secretaria,
que, viendo que él era un paria,
no le tiraba ni un hacha.
Él, con su típica facha,
se la quería conchabar:
"Déjate de preocupar
por los billetes de a cien;
vámonos queriendo bien,
que Dios nos ha de ayudar".

UNA MUJER conocí
que me hacía dramas a diario;
mi vida la hizo un calvario,
fue muy duro para mí.
De tanto que le pedí
a Dios, al fin me libré,
y al final, un día se fue;
sólo le dije: "Reinita,
váyase por la sombrita,
pa que no se me asolié".

TOÑA SIEMPRE tuvo el sueño
de partir con rumbo a Flandes
con don Vicente Fernández
como su charro y su dueño.
Pero a pesar de su empeño,
Cupido guardó sus flechas.
En muy periódicas fechas
Toña reclamaba al divo:
"Ya van tres que yo te escribo
y tú, que ni cartas me echas".

¿NO SABES, Juan Charrasqueado,
que la mujer, cual la fruta,
más a gusto se disfruta
cuando ya se ha madurado?
¿Por qué te has empecinado
en perseguir jovencitas?
Se adornan, tú te encabritas
y nomás el tiempo pierdes;
¿para qué las cortas verdes,
si maduras caen solitas?

LUEGO DE un mes de casado,
Guillermo se descarrió,
y a la casa regresó
cuando el gallo había cantado.
Su mujer le ha propinado
un guantazo de los buenos:
"El azote es lo de menos,
mucho más vamos a andar;
ya viste relampaguear,
hora te faltan los truenos".

CASÓ JUAN con Concepción,
su prima, y por suerte negra,
hoy su mala tía es su suegra,
sus primos, cuñados son.
Lo maltratan sin razón,
y él se queja del *regalo*;
mas con su talante ralo
Conchita dice: "¡Andavete,
para que la cuña apriete,
debe ser del mismo palo!".

JUAN SE queja con razón
de los maltratos de Concha,
pues ya no siente la roncha,
lo mata la comezón.
Memo siente compasión
le dice: —Así son las cosas
con toditas las esposas—.
Pero Juan responde al trote:
—Me tocó lo que al coyote:
las tripas más amargosas.

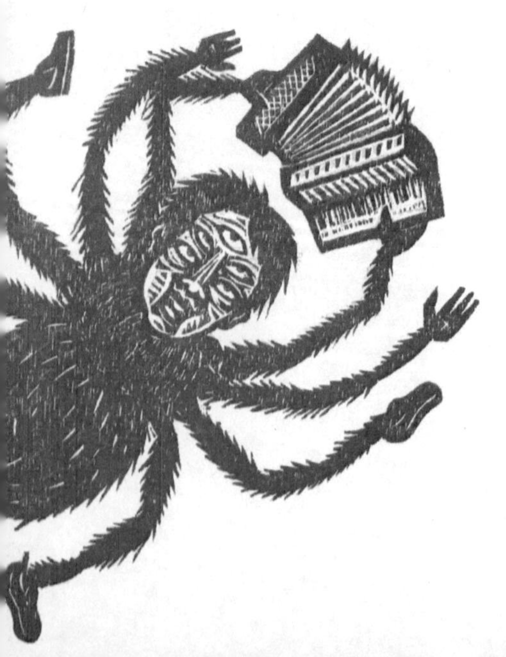

No le hace que el hombre tome...

SER POBRE es un malestar,
es casi como ser perro,
vives allá por el cerro,
y a diario es un mal tragar.
Si una vez quieres gozar,
así de noche o de día,
te carga la policía
y te echa en una perrera,
lo que en pobre es borrachera,
en un rico es alegría.

Para don Vicente

SIRVE a todos, cantinero,
y cierra ya la cantina;
tráeme una guacha catrina
y que le suene el arpero;
agáchate, jaranero,
a tamborear unos sones;
traigo plata por millones
y aquí la vine a gastar,
¡ay, pesos, déjenme andar!
¡No me trompiecen, tostones!

ANDO CON un sentimiento
que me agobia y me aniquila;
fuertes dosis de tequila
lo curan, pero muy lento.
Traigo muy rudo el aliento,
lo sé, pero es pasajero;
es un lapso tequilero,
mas no por ello me taches,
no porque me veas huaraches
pienses que soy huacalero.

YO SOY un chavo a la usanza,
la moda nunca me falla,
y cuando voy a la playa
bien disimulo la panza.
Así que tenme confianza,
no juzgues a lo ligero,
que mi padre es bodeguero
y vende mil cachivaches:
no porque me veas huaraches
pienses que soy huacalero.

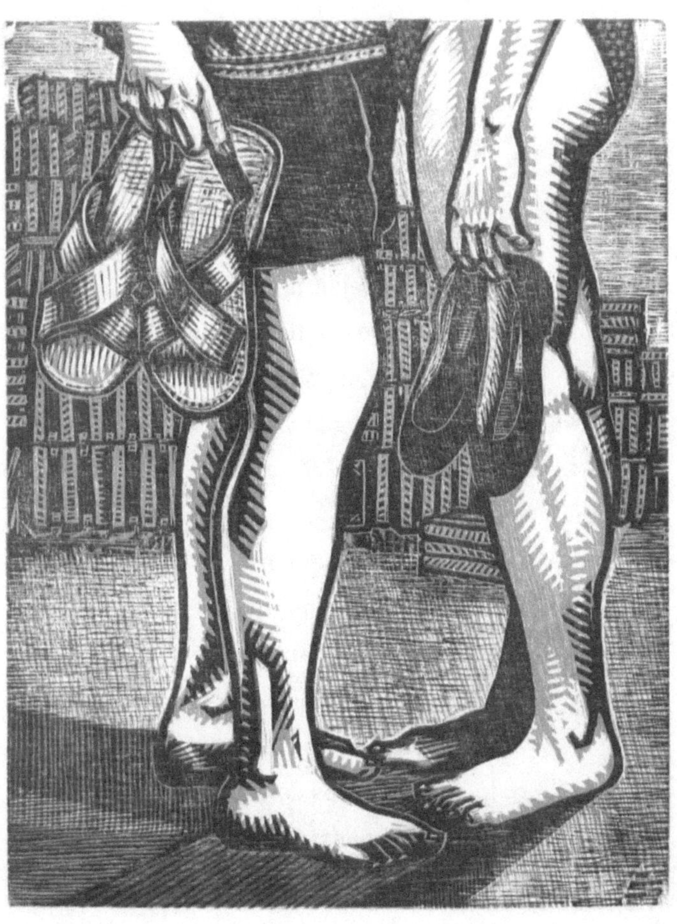

MEMO, desde Guanajuato,
dio una vuelta a Michoacán,
donde parrandeó con Juan
Charrasqueado, por buen rato.
Toña le espetó el maltrato:
"Con aconsejar, no mermo
confianza; escucha, Guillermo,
ya no le hagas tanto al fuerte;
pretextos busca la muerte
para llevarse al enfermo".

CINCO DÍAS de la semana
se trabaja con mohína,
y el sábado, la cantina
la distracción nos devana.
El hastío que nos hermana
lo compartimos con sal;
la cura pa nuestro mal
de la botella se apura:
¡qué me duras, calentura,
ya llegó tu mejoral!

GUILLERMO y Juan, como manda,
se vivían en la cantina,
y Juan ya sentía mohína
de tan seguida parranda.
Memo lo calmaba, y: "Anda,
no sientas culpa, criatura;
dime ¿qué es lo que te apura?
Si la vamos a hacer, Juan,
te la doy de sacristán
si a mí me ponen de cura".

ANDABA JUAN Charrasqueado
de borracho y seductor,
y a su padrino el rumor
le llegó en chisme inflamado.
Fue a regañar a su ahijado
que departía con mujeres:
"Modérate en los quereres
y en las cucharadas, Juan:
la pasión y el vino dan
más pesares que placeres".

—A VER ya cómo le remo
—le decía Guillermo a Juan—,
pues me corrió don Julián,
y ahora lo peor me temo—.
—No te desesperes, Memo,
si es que has perdido el trabajo.
Ve a la pulquería de abajo
y llena las cantimploras.
¿Ya, por esa mula lloras?
Ni yo que perdí el hatajo.

MEMO VENÍA del panteón
callado y meditabundo,
lamentándose del mundo,
porque murió su patrón.
A Juan le daba razón
de su pena y ansiedad.
Y Juan, con tranquilidad:
"¡Qué le lloras a ese curro!
¡Ya porque se muere un burro
es año de mortandad!".

JUAN SE toma su *caliente*
temprano en la madrugada,
y así el frío no le hace nada,
con un fajo de aguardiente.
Luego, sigue diligente
pues le gusta acabalar;
el día se le va en tomar,
y él dice, como un deber:
"Agua que no has de beber,
déjala correr al mar".

JUAN SE fue de jaranero
con Arcadio, gran cantor,
y, como Juan, bebedor,
a cual más de golletero.
Ya cansado, el cantinero
luego les paró el enjuague:
"No importando si se embriague
o si nada más se asome,
no le hace que el hombre tome,
lo que se quiere es que pague".

JUAN QUISO un día ser cantor,
pero en la vieja cantina
lo abuchearon con inquina,
y al fin se calló, mejor.
Con oído de lo peor
y facultades inmundas,
hoy, para evitar más tundas,
ya no le hace a la cantada,
sabe que *en boca cerrada*
no entran moscas errabundas.

"¿POR QUÉ hicieron las monedas
con ese perfil redondo?
—gritaba Juan, muy orondo—:
¡Nos vemos, Mundo, áhi te quedas!
Comprender no creo que puedas
por qué me gusta gastar,
y te lo voy a aclarar
con estas razones mondas:
las monedas son redondas
pues se hicieron pa rodar."

TE DICES con mucho orgullo
hijo de la raza conga,
y es una eterna rezonga
alardear del color tuyo.
Va cada quien con lo suyo,
tú, con tu negra ralea,
y ni modo que te crea
que te quemaste, cabrón;
el que es negro de nación,
ni con jabón se blanquea.

ME DICEN que ya no vea
lo que mi prójimo tiene,
que lo que haya en casa, cene,
así que un chícharo sea.
Yo no he de hacerme a la idea,
pues me gusta dormir lleno;
con un refrán me sereno
y de su letra me fío:
que *ahí Dios me dará lo mío,*
para no desear lo ajeno.

HASTA EL mero Apatzingán
llegó un músico que, al punto,
quiso integrarse a un conjunto
de aquellos que hay en el Plan.
Díjole Antonio Alemán:
"Usted sí que ni la amuela,
suena peor que una cazuela,
pare sus gritos, mi hermano;
uno es cantar en el llano
y otro, templar la vigüela".

EL SENTIMIENTO se entrona,
punza y se levanta al trote,
y hasta de noche el coyote
abre el galillo y entona;
pero sabe quien razona
que el verso no es noche en vela,
y que la clavija anhela
el impulso de la mano:
uno es cantar en el llano,
y otro, templar la vigüela.

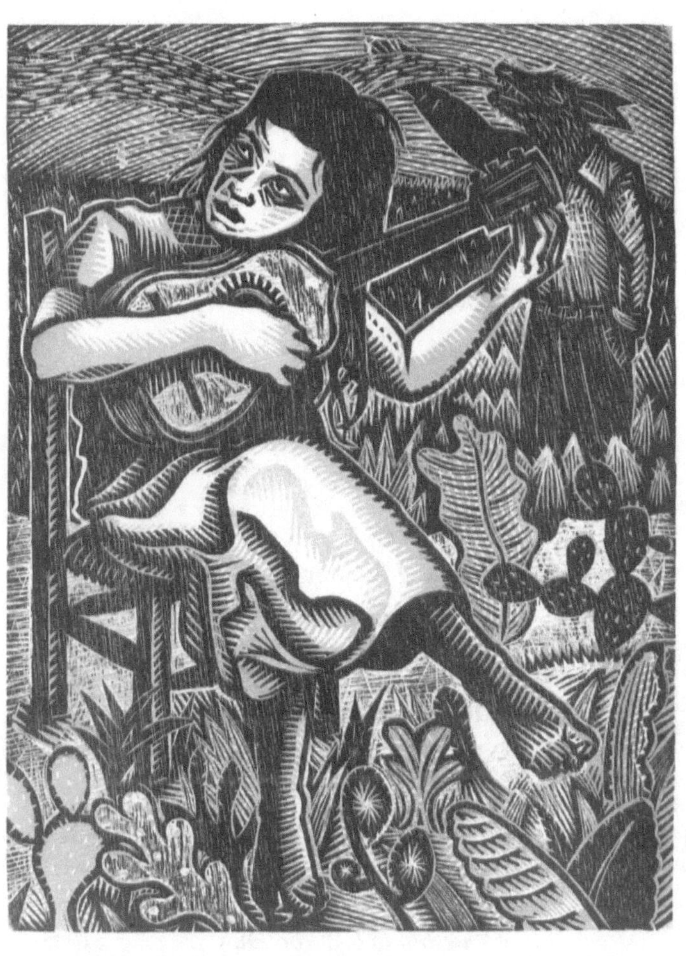

LLEGÓ MEMO a la cantina
dándoselas de ranchero;
Concha le quitó el sombrero,
con retadora mohína.
Se lo apersogó, ladina,
zarandeándole el copete,
y, quitándose un arete
le dijo sin vacilar:
"En el modo de montar
se conoce el que es jinete".

EXPLICABA el funcionario
lambiscón, corrupto y necio
que él no le fijaba el precio
al mordisco subsidiario:
"Mi jefe es el dignatario,
él atranca las aldabas,
a mí no me rieguen babas,
que sólo escucho su voz,
y, *en estando bien con Dios,*
de los santos puras habas".

CUANDO JUAN la pretendía,
Toña se hacía recatada:
¿salir solos? Para nada,
siempre chaperón tenía.
Ya casados, todo el día
ella se pasaba afuera.
Él apeló a su manera,
con dicho de mala traza:
"La que se casa, en su casa;
la soltera, en donde quiera".

JUAN CHARRASQUEADO salía,
las habas se le quemaban
por ver a las que pasaban
a todas horas del día.
La conserje le decía:
"Déjalas, si van al pan.
Métete y estáte, Juan,
para tu ansia fisgonera;
ni yo que soy la portera
me estoy tanto en el zaguán".

JUAN, inexperto en amores,
al fin se casó con Toña,
una delicada doña
de cien kilos constrictores.
"Juan —decían sus valedores—,
pero es fea y desparramada".
Y él decía como si nada
después de la ceremonia:
"No se me hace gorda Antonia,
lo que tiene es mal fajada".

MEMO FUE a bailar danzón
a un sitio de mala nota,
y entre tanta mujersota
sintió gran desolación.
Se le acercó a su rincón
una de las que ahí atiende,
dijo: "Aquí todo se vende;
con preguntar nada increpas.
Pregunta lo que no sepas,
que el preguntar no te ofende".

JUAN SE marcha de mojarra,
a juntar la dolariza,
pero la Migra lo atiza
y vuelve hasta sin chamarra.
Cuando un poco de aire agarra,
no le sale ni un gargajo,
y luego dice: "¡Carajo,
mal he aprendido este día
lo que mi abuela decía:
no hay atajo sin trabajo!".

JUAN SE fue a la capital,
para hacerse de billete,
pero luego agarró el cuete
con un gusto sinigual.
Al mirarlo tan fatal,
así, en la ruina de plano,
don Chava le dice: "Mano,
con esa vida, ¿a qué aspiras?
Respóndeme: *¿a qué le tiras
cuando sueñas, mexicano?*".

Para Salomón Villaseñor

JUAN LOS domingos llegaba
con su abuelita Asunción,
le hacía al cine invitación,
a ver si ella disparaba.
Chona, miope cual estaba,
daba argumentos sinceros:
"¿Pa qué gasto los dineros,
si miro puros desbarros?
Encuera'os se me hacen charros,
y descalzos, marineros".

JUAN DE diez mujeres trajo
al mundo, para sus males,
quince hijos naturales,
que trataba del carajo:
"Papá, ya busque trabajo,
que el hambre nos da torzón".
Y Juan sin vacilación
les decía a sus allegados:
"Que trabajen los casados,
que tienen obligación".

Juan, a punto de estallar,
por lo bajo se reía,
a cualquier hora del día,
sin importar el lugar.
Toña lo fue a regañar,
directo, sin mano izquierda:
"Esa costumbre no es cuerda,
haces que más desconfíe,
pues *quien a solas se ríe*
de sus maldades se acuerda".

Juan con Toña fue a vivir,
y por andar en la chanza
vuelve a casa sin pujanza,
nomás se le va en dormir.
No puede más resistir
Antonia, y sus voces da:
"Juan, anda, aplícate ya,
no me hagas que desespere,
porque quien puede y no quiere,
cuando quiera no podrá".

En la casa del herrero
a veces falta azadón,
y hay cuando sobra razón
en los clientes del loquero.
Mas no hay marzo sin febrero
ni hay pescado si no hay red.
Si es que te mueres de sed,
hállale al pozo la maña,
me extraña que siendo araña
te caigas de la pared.

Por andar de vacilón,
araña, tan sin pescuezo,
te han ganado el sobrepeso,
el desliz, la sinrazón:
al compás del acordeón,
olvidas tejer tu red,
sacias de fiesta tu sed
y la vista se te empaña,
¡me extraña que siendo araña
te caigas de la pared!

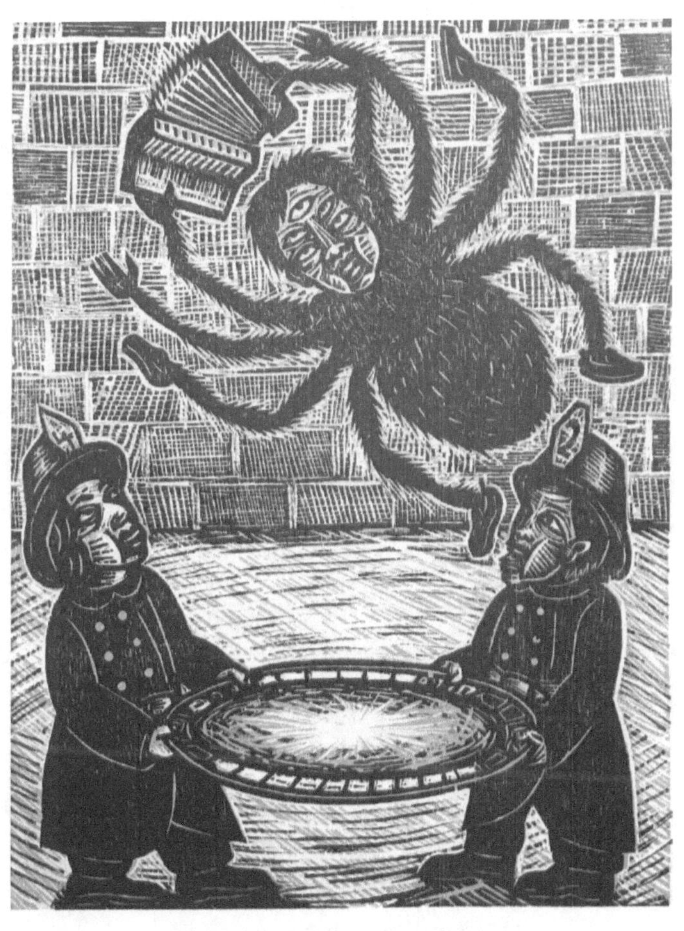

Del Charrasqueado decía
la Toña que era un borracho,
y que no era así de macho
como el son lo pretendía.
Ya no aguantó Antonia un día
y a Juan dijo: "Oye, cabrón,
ten más consideración,
ya basta de francachelas,
y *quítate las espuelas,*
porque rompes el colchón".

Los jovencitos Mancera,
de la mejor sociedad,
se les hacía novedad
cocinar a su manera.
Soledad, la cocinera,
censuró sus guisos nuevos,
y a los ilustres mancebos
les recetó su opinión:
"Se me hace mucho jamón
para un pinche par de huevos".

SÍ, JUAN, te voy a prestar
el dinero que me pides,
pero no quiero que olvides
que te lo doy a cuidar.
No te vayas, pues, al bar,
a gastártelo en bebida,
porque es cosa bien sabida
que hay que evitar los excesos:
veinte años y vente pesos
no duran toda la vida.

AL PUEBLO llegó un chilango
a pasear con arrogancia,
pues dizque con elegancia
se vestía, y parecía un chango.
Vino con un amplio rango
de muy ramplonas quimeras;
daba frases embusteras
como la mayor verdad:
"Viste bien en la ciudad,
en tu pueblo, como quieras".

Cada vez que llega Juan
de visita con su tía,
la cocina le vacía,
da cuenta de queso y pan.
La tía ya de ese gañán
luego se harta, y con razón,
hasta que dice: "Cabrón,
oye, no te hagas el sordo,
no hay gavilán que sea gordo,
ni coyote barrigón".

Va el hombre muy convencido
que tiene una posesión,
mas no hay en el corazón
jaula, ni de oro torcido;
no hay que ser tan presumido,
que no es cosa del dinero,
ni de un amigo embustero
si se marchó tu querer:
nadie roba una mujer
si ella no quiere primero.

CONOCIDO POR guzguero,
antojadizo y patán,
al árbol se trepa Juan,
y alborota el avispero;
siente un váguido agorero
que en el ajetreo lo chispa,
y aunque todito se crispa,
dice en el trance fatal:
"El chiste el comer panal,
no le hace que sea de avispa".

JUAN JUGABA lotería,
pero con sino tan negro
que ni sacaba reintegro,
todo el dinero perdía.
La Toña se lo decía,
para explicar el arcano:
"Ya ni lo intentes, de plano,
tu vicio no rinde frutos,
la mala suerte y los brutos
andan siempre de la mano".

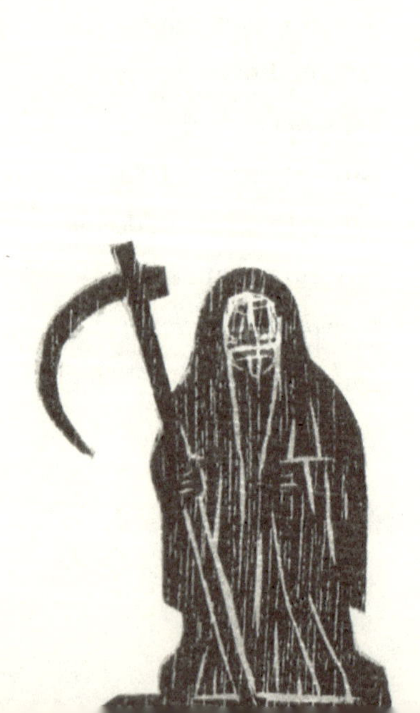

Lo mismo es chile que aguja

LA VIDA, de astucia plena,
dio a un Memo esposa y minino;
ambos fueron su destino
de atropellos y de pena:
en llegando la quincena,
venía la mujer, y el gato
maullaba pidiendo plato
cuando ya quería comer,
y, *entre el gato y la mujer,*
ni a cuál ir de más ingrato.

NO QUIERAS hacer el bien
con una facha perversa,
ni quieras que, por la fuerza,
las razones se te den.
No cuides el qué ni el quién
sólo por dar la apariencia,
porque, al margen de decencia,
a la hora de divertirse,
lo mismo es irse que juirse
que irse sin pedir licencia.

Quien se arropa en la moral
para despertar codicia,
más que de pura malicia,
peca de maldad, tal cual.
Hipocresía sin igual
prodiga su ineptitud,
y su fingida virtud
es soberbia, y no torpeza:
lo que se da sin fineza
se acepta sin gratitud.

De la mesa nacional,
Puebla y Tepito, su mole;
de Apizaco, los frijoles
y a taco, sólo Tempoal.
De chivo le dan tamal
y en Cajititlán, buen guiso,
la birria de hoyo en el piso;
en Veracruz, su molote,
Qurétaro, los camotes,
y Toluca, su chorizo.

AQUEL QUE tiene un querer
debe andarse con cuidado:
si se aleja demasiado,
otro suele aparecer.
Entonces llega a entender
la suerte del distraído,
que lo mandan al olvido
para este año o el que viene;
nadie sabe lo que tiene
hasta que lo ve perdido.

NO TE subas tan arriba,
pues te puedes desplomar;
con el suelo puede dar
el que por las nubes iba.
No emprendas con la diatriba
ni al aire apuntes los tiros,
porque la vida en sus giros
las glorias las vuelve lástimas:
lo que no se gasta en lágrimas,
suele gastarse en suspiros.

No vayas por esta vida
pidiendo lo que no tienes,
quejándote nada obtienes,
sólo ambición desmedida.
No hay callejón sin salida
cuando el corazón te empuja.
Si la situación estruja,
opciones no han de faltar,
que al cabo, para picar,
lo mismo es chile que aguja.

Nadie se llene de orgullo,
si es una ley natural
que el mundo busque lo igual
y dé a cada quien lo suyo:
"La punzada no rehúyo",
"El picor ya no me estruja",
dicen el chulo y la bruja,
queriéndose enmarañar,
que, al cabo, para picar
lo mismo es chile que aguja.

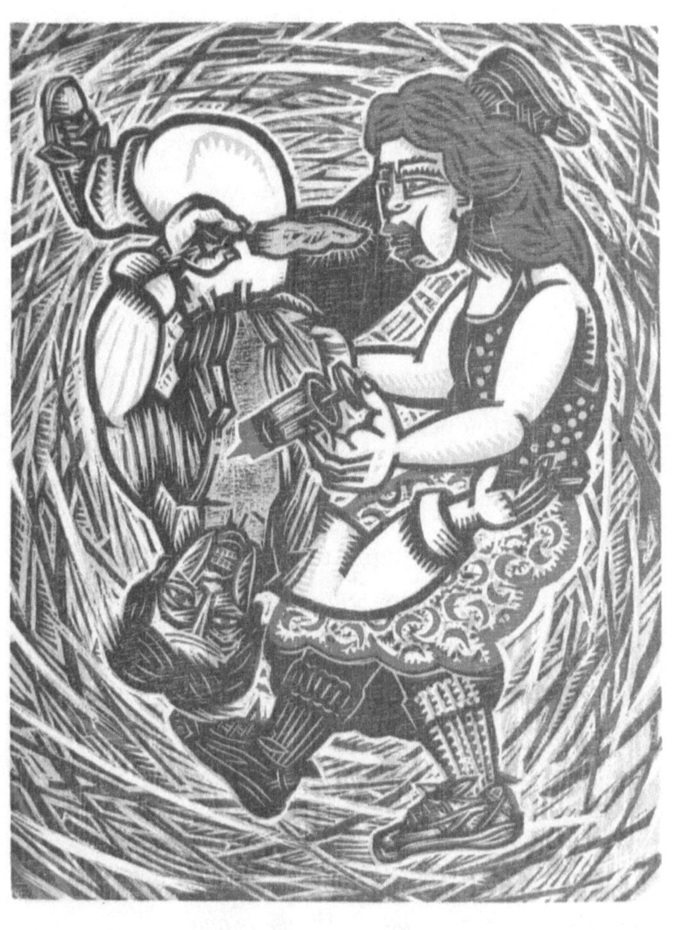

Soledad, luego del mole,
del arroz y el salpicón,
mientras hacía el chicharrón,
se puso a hacer el atole.
Como se descuidó Chole,
Toña la fue a regañar:
"No me deja de extrañar
que falles de tal manera;
¡tanto tiempo de atolera
y sin saberlo menear!".

Talento puedes tener,
y hasta un trabajo estupendo,
pero te arropa el tremendo
manto oscuro del poder.
Ya te has llegado a creer
que eres digno de presea:
la soberbia te menea
y te susurra cual diabla,
te haces que la Virgen te habla,
cuando ni te parpadea.

VOY CON refranes trovando,
porque su uso es general,
y a nadie le viene mal
decirlos de cuando en cuando.
Así, en el camino andando,
yo vi un camión de la Flecha
que desde lejana fecha
traía en la defensa un mote:
"Esta vida es un camote
y agarre usté su derecha".

NUNCA VAYAS a pedir,
si no quieres negativas,
o que te lancen diatribas
o ni te vayan a abrir.
Necio eres en insistir
si te niegan una cosa,
pues la amistad, si es honrosa,
no sabe de caridad:
Una cosa es la amistad
y el dinero es otra cosa.

Cuentan de un hombre que un día
fue con el psicoanalista
y con él pasó revista
de cuantos males sufría.
El doctor con picardía
concluyó al séptimo mes:
"Ya sábelo de una vez,
no creo que tu mal se frene;
dijo san Andrés: 'Quien tiene
cara de pendejo, lo es'".

Cuentan del hombre que un día
fue a consultar a un doctor,
porque ya cada vez peor
de enfermo que amanecía.
Un día que a cita venía,
el médico dijo: "Pase,
le recetaré una frase,
pa que no se desespere:
yerba mala nunca muere,
y, si muere, ni falta hace".

MUCHO ABUSA al comerciar
aquel que se anda en la transa
y hasta la misma esperanza
la quiere reetiquetar;
luego pone precio al mar,
en lo que le da la gana;
con su ventaja temprana
no se mide en lo abusón,
quiere comer chicharrón
sin matar a la marrana.

SI ES que se llega a encontrar
uno con su semejante,
y coinciden el instante,
el gusto, el modo, el lugar,
eso no debe extrañar,
pues las Causas lo barruntan,
y los refranes apuntan
que, más allá de la gana,
en el barrio de Santa Ana
Dios los cría y ellos se juntan.

El roto y el descosido,
la borrega y su pareja,
siguiendo con la conseja,
desde antaño se han reunido;
y como así ha sucedido,
según los dichos apuntan,
cual semejantes se ayuntan
las mismas piedras rodando:
Dios los hace cada cuando,
y ellos solitos se juntan.

Suelen la gloria y la fama,
cuando su influjo te abruma,
crecer como hace la espuma,
la inundación y la flama:
crees que el éxito te llama
con un celestial badajo,
y no te cuesta trabajo
armar de naipes la estiba;
mas *no existe cuesta arriba*
que no tenga cuesta abajo.

AL APLICAR la justicia
férreamente, a rajatabla,
la venganza es la que habla
y la rabia se propicia.
Luego, el proceso se vicia,
vuelto el juez en delincuente,
para el gusto de la gente,
que exigirá, sin sonrojo,
un ojo por cada ojo
y un diente por cada diente.

ADONDE QUIERA que voy,
luego tiendo mi petate:
quien no es mi amigo, es mi cuate,
que al cabo ni lata doy.
Lo mismo mañana que hoy,
llego y me voy cualquier día,
porque nunca he de hacer mía
la voz de un dicho endiablado:
que *el muerto y el arrimado*
apestan al tercer día.

Ya te conozco, embustero,
que con tu labia y tus mañas
regresas en las campañas,
cuando consigues dinero;
te acercas al gallinero
para hechizar con tus rollos,
mas no has de encontrar apoyos,
pues el refrán bien lo explica:
cuando el coyote predica,
no están seguros los pollos.

Hablaba el pez, lenguaraz:
"De tonto no me hallo un pelo,
y a mí un miserable anzuelo
no ha de pescarme jamás".
Un día, un gusano, sin más,
de botana se ofreciere;
el pez comérselo quiere
y al sedal queda pescado,
percibiendo de mal grado
que *el pez por su boca muere.*

SUBIÓ el hidráulico gato
con la gata servicial,
el formol con la formal
y la rata con el rato;
fueron zapata y zapato,
el consejo y la conseja…
Así Noé su compleja
misión la cumplió colmada,
haciendo embarcar a *cada*
oveja con su pareja.

LA VENERA y el venero,
igual que el ara y el aro,
como la vara y el varo
y la acera y el acero;
la cera va con el cero
y el tejo sigue a la teja,
compadrejo y comadreja
suben al arca atestada
donde Noé puso *cada*
oveja con su pareja.

LA MÚSICA, por sonora,
arte es que exige respeto,
y con volumen discreto
debe oírse en grabadora.
Música ensordecedora
es del espíritu freno,
y aunque el disco sea muy bueno,
no habrá ni quien te lo alabe:
lo que bueno a ti te sabe
para otros es veneno.

BUEN AMIGO del volante
y de la velocidad,
de la muerte y su deidad,
y del peinado elegante;
es tu gusto y tu desplante
traer el camión bien lleno,
pero con tal desenfreno
todos padecen tu nave:
lo que bueno a ti te sabe
para otros es veneno.

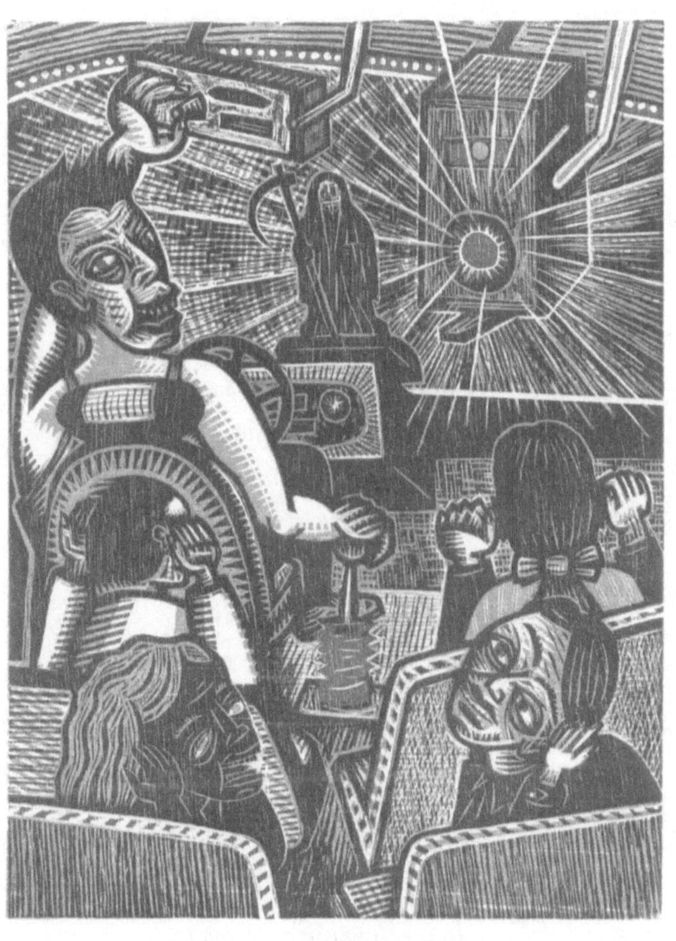

PIEDRA QUE te tropezó
y de nuevo la topaste;
aquella agua que miraste
y otra vez te reflejó;
ese rayo que cayó
y remató en el redil,
como la cabra cerril,
obran en ti sin engaños,
pues *al cabo de mil años*
vuelve el agua a su carril.

SON DISCRECIÓN y templanza
dos virtudes esenciales,
que han de prevenirte males
si las cumples sin tardanza.
Porque de pronto la chanza
deviene en perversidad,
y cubre de opacidad
los rincones del idioma,
así que *entre broma y broma*
siempre asoma la verdad.

AL QUE nace pa maceta
bien lo acoge el corredor,
y el que vino a ser doctor
ya se sabe la receta;
para quien nace poeta
florecen las rosas rojas;
se sacude las congojas
el de la sangre jovial,
y *al que nace pa tamal*
del cielo le caen las hojas.

SI TIENES gusto picante
y desbordante figura,
o si es que encierra dulzura
tu apariencia fulgurante,
y si envuelve tu talante
la rica esencia que alojas,
no sé para qué te enojas,
si anuncia el dicho puntual
que *al que nace pa tamal*
del cielo le caen las hojas.

¡Qué cimas tan encumbradas,
qué camino tan sinuoso,
y qué caballo tan brioso
para andar en las paseadas!
Cantando en las desveladas,
siente el jinete consuelo,
y así se impone al desvelo
con un verso que le ajuste:
al que no le guste el fuste,
que lo quite y monte en pelo.

A los tacos de ternera
llevé a mi fiel Firuláis,
y me dijeron: —Ni máiz,
el perro se queda afuera—.
Pronto, y de buena manera,
la explicación extendí:
—Él viene a probar por mí
la calidad del becerro,
pues *perro no come perro,*
aunque sea de pedigrí.

Una tormenta de mayo
asestó su cruel herida
en el árbol de la vida,
lacerado por un rayo.
Un insensible lacayo,
luego que ve el tronco hendido,
se apresura decidido
para pronto acometer
la desvergüenza de *hacer*
leña del árbol caído.

No me subas hasta el cielo,
porque puede suceder
que no pueda sostener
entre las nubes el vuelo.
Palabra de terciopelo
linda con la picardía,
y la lisonja baldía
la pura humareda expande:
cuando la limosna es grande,
hasta el santo desconfía.

VIVES HABLANDO de ti,
ponderando lo que has hecho,
y pregonas, satisfecho,
que eres el mejor aquí.
Y hasta puede ser que sí,
mas no lo hables tan en serio,
ya no atices el sahumerio,
porque eso a ti no te toca,
que *el elogio en propia boca,*
más que elogio, es vituperio.

SI LA FORTUNA no importa,
¿por qué, de manera fuerte,
se busca la mejor suerte,
como algo que reconforta?
Y si es que el destino aporta
cartas de acá para allá,
¿por qué a mí siempre me da
mal juego para la farra?
¡Ay, qué suerte tan chaparra,
hasta cuándo crecerá!

Con años en el papel,
a un diablo de pastorela
lo envanece y lo consuela
que nadie actúe como él.
Un aspirante a Luzbel
le dirige su venablo,
y aquel le dice: "Oye, te hablo,
escucha bien el consejo:
más sabe el diablo por viejo
que por ser el mismo diablo".

Aquel toro jaraleño
que no conocía jinete,
encendido como un cohete,
nunca cejaba en su empeño.
Un charrito lugareño
desentrañó el mecanismo,
y montando un aforismo
lazó al fin al animal:
Pa los toros del Jaral,
los caballos de allá mismo.

AL ABRIGO del poder
has armado tus negocios,
cooptando impúdicos socios
que fallan a su deber.
Pero eso no debe ser,
la ilegalidad, la transa;
el abuso de confianza
no es igual que libre empresa:
sácate de la cabeza
que *el que no tranza no avanza.*

CUANDO ESTÁ llena la troje,
se ve la granja tranquila,
pues cuando el grano se apila
malhaya del que se enoje;
mientras que la mano moje,
los maiceados todo aguantan:
los gallos su mal espantan,
van los pollitos felices;
donde suenan los maíces,
hasta las gallinas cantan.

Un político jugó
dos veces las elecciones,
y, por fraudes y traiciones,
ambas veces no ganó.
Mas no se desesperó,
pues un dicho, a no dudar,
le decía que iba a alcanzar
la vencida en el tercero,
y *no hay que llegar primero,*
pero hay que saber llegar.

Un luchador se quejaba
de que la luz en la arena
era a veces mucha y plena,
y luego, nada alumbraba.
Por su rango, se enojaba,
pues ya parecía costumbre
que esa luz de la techumbre
fracasara con espanto:
"¡Ni tanto que queme al Santo,
ni tanto que no lo alumbre!".

En el juego de la vida,
más allá de rima y ripio,
conocemos el principio,
mas no el fin de la partida.
Desmesura y desmedida
acaso nos prometió,
pero el tiempo sentenció
ya su inevitable fallo:
podrás salvarte del rayo,
pero de la raya no.

Por jugar con el olvido
y el cariño, qué más da,
hay quien dice que se va,
pero hasta hoy no se ha ido;
quien dice adiós sin motivo,
nada más por afligirse,
es, como suele decirse,
en la intención poco ducho:
el que se despide mucho,
pocas ganas tiene de irse.

Y SI es que alguien se envanece
con la corona de olivo,
recuerde: lo que está vivo
tarde o temprano fenece.
Como la flor que se mece
e ignora su porvenir,
al fin vamos a cumplir
una ley sutil y brava:
Todo por servir se acaba
y acaba por no servir.

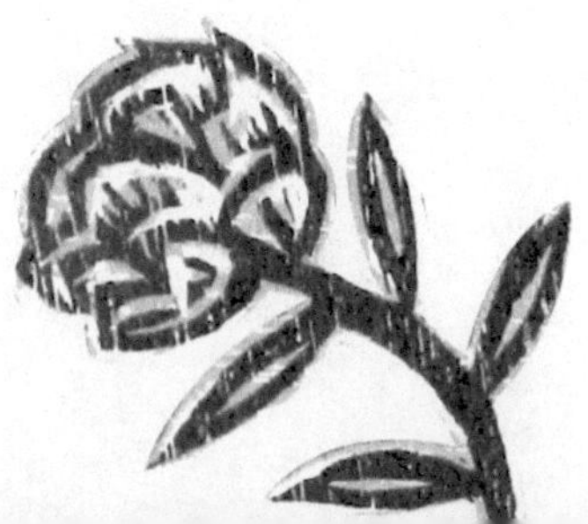

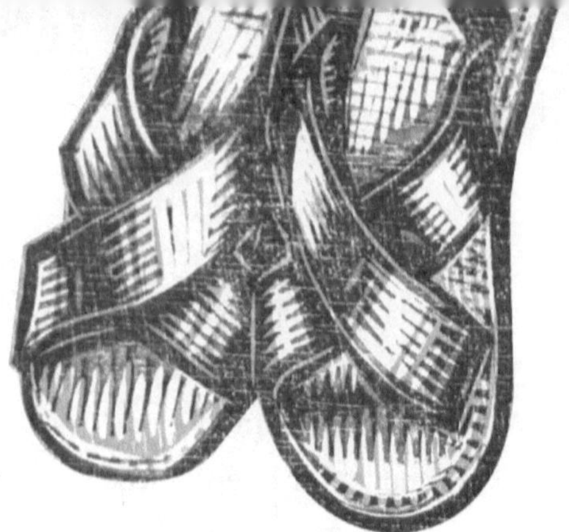

Índice

El sueño del armadillo
Refranero apócrifo de Juan Charrasqueado

La edición estuvo al cuidado del autor
y en su formación se emplearon las fuentes Bell MT 8:11.5 y
Century Schoolbook 14:14.

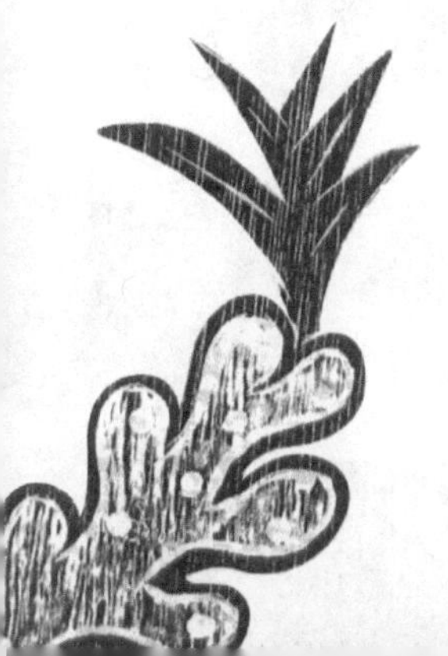

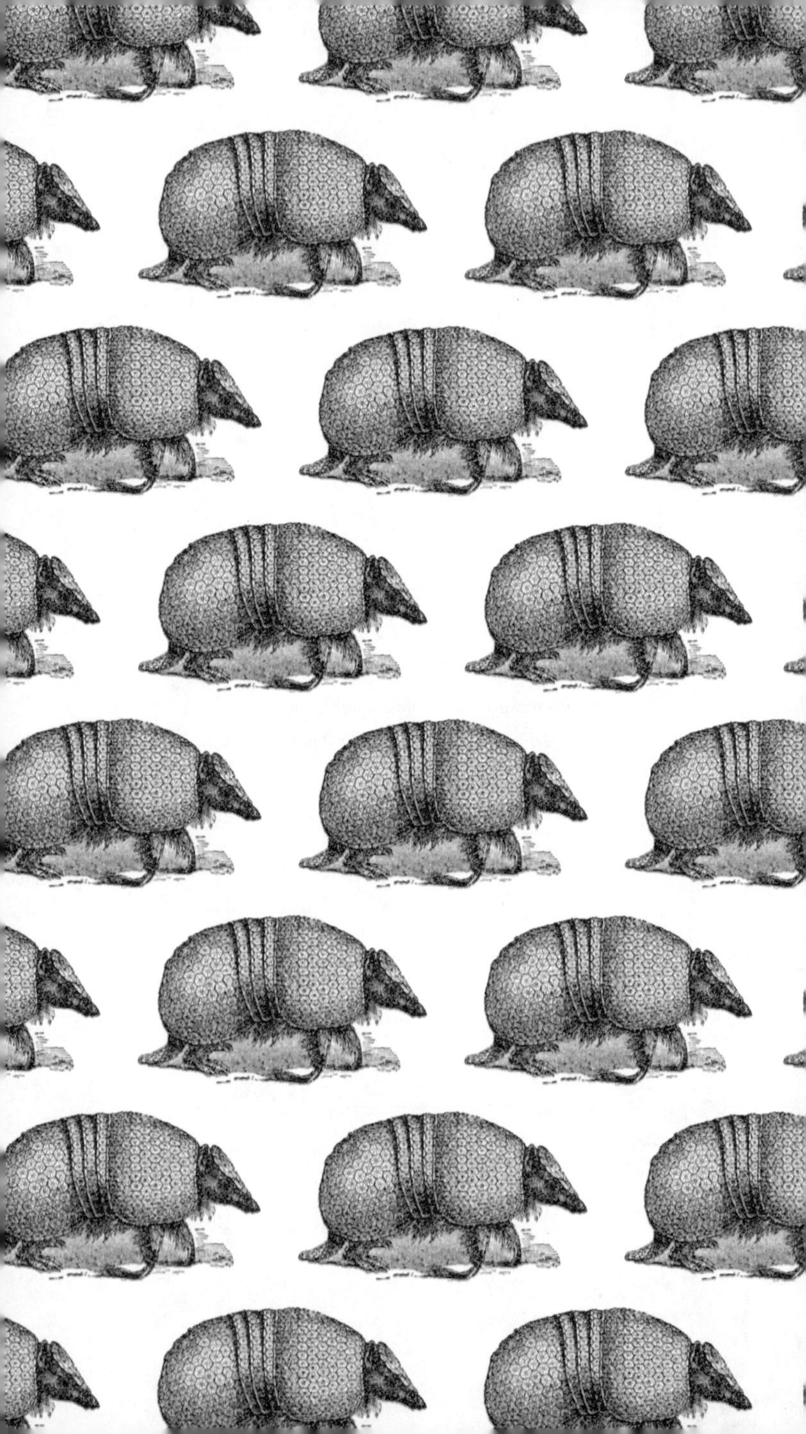

www.ingramcontent.com/pod-product-compliance
Lightning Source LLC
LaVergne TN
LVHW090529110826
845146LV00003B/1036